AF601097

Portada: *La escuela de Atenas* (Rafael, 1510-1512).
Edita: Asociación Cultural Tántalo.
Colección Tántalo nº 88.
1ª Edición: diciembre 2018.
ISBN: 978-84-946596-7-6
Depósito Legal: CA 597-2018

EL ESTOICISMO

El estoicismo es una doctrina filosófica que gozó de gran importancia durante la época grecorromana. Se considera que Zenón de Citio (336 a.C - 264 a.C.) fue el fundador de la escuela filosófica del estoicismo. A pesar de tener algunas similitudes con el cinismo, se diferencia de este en varios aspectos: promueve la acción frente a la simple crítica del cinismo; no desprecia el mundo, la política ni la sociedad; no minusvalora la lógica ni la física; etc.

Una de las características del estoicismo es que se podía enseñar a personas de cualquier clase social, incluidos los esclavos. Esto permitió la expansión de sus seguidores desde el punto de vista numérico y geográfico. Incluso algunos maestros estoicos defendieron que también debían aprenderlo las mujeres (como Musonio Rufo y el propio Epicteto).

Se suelen distinguir tres fases del estoicismo: el antiguo (siglos III y II a.C); el medio (siglos II y I a.C.); el nuevo o romano (siglos I y III d.C.).

Es imposible resumir el estoicismo en unas breves líneas, pero podemos destacar como los principales puntos de esta escuela filosófica los siguientes:

- La razón del hombre forma parte del logos universal (que es una razón inmortal y divina). Esto supone que todos los hombres son "hermanos" en cuanto participan del logos universal. Esto lleva a considerar al hombre como ciudadano del mundo (cosmopolitismo).

- La Lógica incluye la epistemología. Ésta parte de que el hombre carece de conocimiento previo y conforme acumula experiencias, adquiere el conocimiento de la realidad. Pero frente al relativismo, opina que hay impresiones comunes a todos los hombres que permiten conocer la Verdad a través del consenso. Mediante el conocimiento de la Verdad, se puede llegar a la Virtud. Se opone, por tanto, al relativismo o al concepto de las ideas de Platón.

- La Física estoica se fundamenta en que la Naturaleza es armoniosa y se rige por un Logos cósmico llamado *Pneuma*. Este Logos es racional y controla la materia. El azar no existe, sino que todo se rige por un principio de causalidad, sin perjuicio de que, en muchas ocasiones, éste sea desconocido por los hombres.

- Existe un Logos cósmico que puede identificarse con Dios. Algunos estoicos, como Séneca, le atribuyen a Dios el carácter de persona, con especial providencia con los hombres virtuosos.

- Existe el alma. En los seres humanos, es un alma racional. Los animales también tienen alma, que es sensible, pero no racional. Las plantas también tienen un alma que dirige su crecimiento. Los átomos también tienen un alma que rige su movimiento.

- La moral estoica parte del determinismo establecido por parte del Logos universal. Por tanto, el hombre únicamente será "libre" si acepta su destino, admitiendo y soportando todo lo que no está bajo su control. En la razón está la guía del filósofo que le permitirá llegar a la Virtud. En el camino se encontrará pasiones, dolor y temores que deben ignorarse y mantenerse aparte gracias al autocontrol, mediante la impasiblidad (*apátheia*). De todas formas el determinismo es atenuado por el compatibilismo[1].

Los filósofos ponían como modelo a Sócrates, ejemplo de virtud puesta de manifiesto, sobre todo, a la hora de su muerte[2].

Entre los filósofos estoicos más conocidos podemos destacar a los siguientes:

- Zenón (fundador de la escuela estoica).

---

[1] La problemática del determinismo, el determinismo y el compatibilismo es muy compleja y excede la intención más "práctica" de este libro, por lo que no nos extendemos en ella.

[2] En el momento de su muerte, Sócrates dijo que «un hombre, que se ha consagrado toda su vida a la filosofía, debe morir con mucho valor, y con la firme esperanza de que gozará después de la muerte bienes infinitos» (Platón: *Fedón o del alma*, 57a- 64a).

- Aristón de Quíos (siglos IV - III a.C). Era coetáneo de Zenón. Su escuela pensaba que la Física (y por tanto Dios) eran incomprensibles para el hombre, prescindía de la Física y ponía énfasis en la Ética. Su escuela no fue seguida por los estoicos, que siguieron la doctrina de Zenón.

- Cleantes de Aso (siglos IV - III a.C.). Puso especial énfasis en el rechazo del placer como contrario de la Virtud.

- Crisipo de Solos (sglo III a.C.). Fue discípulo de Cleantes y considerado por muchos como el fundador de la gramática como una disciplina propia en la Grecia clásica.

- Panecio de Rodas (siglo II a.C). Fundó una escuela estoica en Rodas. Introdujo ideas platónicas y aristotélicas en su escuela. Negaba la inmortalidad del alma. Rechazaba la *apátheia* y suavizó la moral estoica tradicional.

- Posidonio (siglos II - I a.C). Además, fue uno de los principales científicos de la época.

- Musonio Rufo (siglo I a.C.). Se centró en la ética y propugno que tanto el hombre como la mujer han recibido el raciocinio de los dioses, por lo que ambos deberían estudiar filosofía y buscar la Virtud.

- Séneca (4 a.C. - 65 d.C.). Es quizás el filósofo estoico más conocido y muchas de sus teorías eran compatibles con el cristianismo.

- Epicteto (55 - 135). Del que hablaremos más extensamente en un momento posterior.

- Marco Aurelio (121 - 180). Fue Emperador de Roma desde el año 161. Fue seguidor del estoicismo y en sus escritos se valora a la muerte como un bien, al ser «el descanso de la impronta sensitiva, del impulso instintivo que nos mueve como títeres».

Se ha puesto de manifiesto por muchos autores la relación del estoicismo con el cristianismo, hasta el punto de decirse que muchos estoicos eran cristianos y que muchos cristianos eran estoicos.

Los puntos en común entre ambas creencias son los siguientes:

- Creencia de una hermandad entre los hombres (en los cristianos en cuanto hijos de Dios, mientras que en los estoicos en cuanto participantes del Logos universal).

- La existencia de una ley natural o racional (obra de Dios en el caso de los cristianos, manifestación del Logos universal en el caso de los estoicos).

. La búsqueda de la paz interior en el vivir (fundamentada en el cumplimiento de los Mandamientos y la resignación ante los designios de Dios en el caso de los cristianos; mientras que en los estoicos se basa en la aceptación de lo que no depende de nosotros mismos).

- La inmortalidad del alma o la vida eterna, aunque sus fundamentos son distintos (Dios en los cristianos; su participación en el Logos cósmico para los estoicos).

- La ausencia de la búsqueda del placer como fin de nuestras vidas. El placer sería consecuencia de vivir correctamente, pero no sería el objeto que mueve nuestra forma de actuar.

Pero también había puntos que distinguían a los cristianos de los estoicos:

- Los cristianos creían en un Dios personal, mientras que para los estoicos el Logos universal no es una persona, sino un principio que rige en la naturaleza (similar a un animismo, según algunos).

- Para el cristiano existe el mal y el bien, mientras que para los estoicos no existe lo bueno ni lo malo por sí mismo, sino por el efecto que produce en el sujeto, con independencia de que haya cosas más conformes a la Razón que otras.

- El cristianismo no es determinista, al menos en los Padres de la Iglesia (entre los que destaca

San Agustín de Hipona), que defienden un libre albedrío. Los estoicos son deterministas o compatibilistas.

Algunos historiadores creen que Pablo de Tarso tuvo contactos con la escuela estoica antes convertirse al cristianismo. En relación con esta teoría, existe cierta corriente que opina que Séneca se convirtió al cristianismo. No hay prueba de esto último, aunque sí hay catorce cartas entre Pablo y Séneca que algunos creen falsas, aunque no hay pruebas que evidencien si son verdaderas o falsificaciones. La concepción del estoicismo por Séneca de un Dios personal, así como de la entrada de la piedad y la misericordia en el sistema ético y racional del estoico hacen que su acercamiento al pensamiento cristiano fuera notorio.

Como elemento común entre filósofos estoicos y cristianos habría que señalar también que tanto unos como otros fueron perseguidos por distintos emperadores romanos a partir del siglo I.

La influencia de los estoicos en los cristianos de los siglos posteriores fue importante e inspiró, en mayor o menos medida, a teólogos y filósofos tales como Tomás de Aquino (siglo XIII) y su teoría de la ley natural.

En el siglo XVI hubo un resurgimiento del pensamiento estoico dando lugar al neoestoicismo defendido por autores tan importantes como

Erasmo de Rotterdam, Francisco Sánchez de las Brozas, Luis Vives o Francisco de Quevedo.

Más tarde, la influencia del estoicismo se aprecia en pensadores como Spinoza, Kant o Descartes. El modelo de ética estoico fue la base de la búsqueda de un concepto de ética universal y racional.

En la actualidad, disfruta de un nuevo resurgimiento como modelo de vida frente al consumismo compulsivo y el hedonismo superficial.

EPICTETO

Epicteto nació entre al año 50 y 55 d.C. en Hierápolis, ciudad helenística situada en Pamukke, al sudeste de la actual Turquía. Hoy en día sólo quedan ruinas de la antigua ciudad helenística que se adoptó al estilo de urbe romana y que fue un lugar de descanso para las élites romanas gracias a su clima templado y ricas aguas, que ayudaron a acrecentar la fama de sus balnearios y baños.

Epicteto era esclavo del liberto Epafrodito. Hay que tener en cuenta que no todos los esclavos ocupaban la posición más baja del escalafón social, porque en muchos casos se encargaban de los negocios del pater familias y podían ser sus consejeros, reputados artesanos o los educadores y maestros de los hijos de la familia[3]. Además, el esclavo podía llegar a convertirse en libre, convirtiéndose en un liberto. El mismo amo de Epitecto, llamado Epafrodito, era un liberto que ocupaba el prestigioso puesto de secretario del emperador Nerón.

---

[3] Para los estoicos, el hombre libre puede ser más esclavo del que lo es, jurídicamente hablando; ya que hay personas que son esclavas de las opiniones de los demás, de las ambiciones, de los deseos carnales, etc.

Epicteto era cojo. Según contaba, la causa de su cojera fue su amo Epafrodito, que estaba jugando con él con un instrumento de tortura. Epicteto le avisó de que le iba a romper la pierna y cuando está crujió, éste le dijo: «Ya te lo dije». Otros creen que la historia no es verdadera, sino un ejemplo de como se podía ignorar incluso el dolor físico; más bien, creen que la cojera de Epicteto se debía al reuma.

Epicteto acudía a escuchar las lecciones de Musonio Rufo, un filósofo estoico. Tan impresionado quedó de las lecciones del maestro que abrazó el estocismo y alcanzó tan alto grado que se convirtió en maestro de filosofía. Tras obtener la libertad de su dueño, se dedicó de lleno a la enseñanza del estoicismo. Fue desterrado por el emperador Domiciano en el año 93, junto a los demás filósofos. La razón era que el emperador entendía que las enseñanzas de los filósofos eran contrarias a su política de realzamiento del culto al emperador. Epicteto se retiró a Nicópolis, donde abrió una escuela pública en la que difundió sus enseñanzas. En su vejez adoptó un niño y contrató una gobernanta para que lo cuidara. Epicteto falleció en el año 135, cuando tenía entre setenta y setenta y cinco años.

Epicteto no dejó obras escritas, pero uno de sus discípulos, Arriano de Nicodemia, transcribió sus enseñanzas y las dejó plasmadas en dos obras: *Manual de Epicteto* (o *Enquiridión*) y *Disertaciones*.

EL MANUAL DE EPICTETO

Esta obra fue escrita por Arraino de Nicodemia, que siendo discípulo de Epicteto, tomó nota de todas sus enseñanzas éticas. Podemos atribuir la autoría a éste, dado que Arriano se limitó a transcribir lo que oía.

El principio fundamental que dirige la filosofía esotica de Epicteto es que no debemos preocuparnos por las cosas que no dependen de nosotros. Partiendo de este principio se proclaman diversas *estoas*, que deben regir la vida de una persona. Siguiendo estos principios seremos sabios y felices.

He titulado cada párrafo del Manual para saber a qué se refiere el mismo. A su vez, he subrayado las frases o principios éticos más destacables.

Quede este texto como recuerdo de un filósofo que unos 2.000 años atrás enseñó una forma de vida que puede tener vigencia en la actualidad y ayudar a muchas personas. Con esto no queremos decir que deban seguirse todos sus principios a rajatabla porque, al fin y al cabo, el lector será el que decida que camino debe seguir.

Gabriel Rodríguez Morales

MANUAL DE EPICTETO

1- LO QUE DEPENDE Y NO DEPENDE DE NOSOTROS

Todas las cosas que existen en la naturaleza dependen de nosotros o no dependen de nosotros. De nosotros dependen nuestras opiniones, nuestros movimientos, nuestros deseos, nuestras inclinaciones o nuestras aversiones. En una palabra, todas nuestras acciones. Las cosas que no dependen de nosotros son el cuerpo, los bienes, la reputación o las dignidades. En una palabra, todo lo que no es nuestra propia acción.

Las cosas que dependen de nosotros son por naturaleza libres, nada puede detenerlas ni obstaculizarlas. Las que no dependen de nosotros son débiles, esclavas, inciertas y ajenas.

Recuerda que si te crees libre respecto a las cosas por naturaleza esclavas y propias a las que dependen de otro, encontrarás obstáculos a cada paso, estarás afligido, alterado e increparas a los dioses y a los hombres. En cambio, si tomas solamente por tuyo lo que es realmente tuyo y por ajeno lo que a otro pertenece, nunca experimentarás embarazo ni obstáculo en tus acciones, no increparás ni acusarás a nadie; no harás nada que no desees, nada te ofenderá, no tendrás enemigos y nada desagradable te pasará. Aspirando entonces a tan grandes bienes, recuerda que tu no debes trabajar mediocremente para lograrlos y que, en lo que concierne a las cosas exteriores, debes enteramente renunciar a algunas y diferir otras.

Si aspiras a un fin tan noble, recuerda que para conseguirlo no debes desearlo debilmente, sino que debes renunciar por completo a ciertas cosas, abstenerte algún tiempo de algunas otras y, sobre todo, velar por ti mismo. Si con los verdaderos bienes buscas riquezas y honores, no obtendrás estos últimos por haber deseado los otros y perderás también estos, que son los que pueden hacerte realmente libre y feliz.

Así, ante todo accidente desagradable di rápidamente: "No eres sino una imaginación y en absoluto eres lo que parece". Posteriormente, examínalo con la siguientes regla: si depende de nosotros o no está en nuestro poder. Porque si no depende de nosotros di sin titubear: "En nada me atañe".

2- SOBRE EL DESEO

Recuerda que el objeto de tus deseos es obtener lo que deseas, mientras que la finalidad de toda aversión es evitar lo que lo causa. El hombre es tan desgraciado si sucede lo que teme como si no consigue lo que desea. Si tu temor recae sobre cosas que están en tu poder, jamás sufrirás los males que temes; pero si temes la enfermedad, la pobreza o la muerte, serás miserable. Estate tranquilo con lo que no está en tu mano; teme únicamente las cosas que te están sometidas. Suprime tus deseos, porque si no tienen por objeto lo que está en tu mano, tus esperanzas quedarán truncadas. En cuanto a las que dependen de ti y no estés preparado para conocerlas, conténtate solamente con no buscar ni huir de nada, sino de actuar con moderación, discreción y reserva.

3- VER LAS COSAS COMO SON

Examina con atención la calidad de las cosas que te divierten, que sirven para tus necesidades o que amas y comienza por las más insignificanes. Si amas una olla, di que amas un cántaro y si se te rompe, no te turbarás. Si amas tu hijo o a tu mujer, recuerda que son mortales; así, si mueren, no te turbaras.

Antes de actuar, piensa lo que vas a hacer. Pon en tu pensamiento lo que para ti es la cosa que vas a hacer. Si vas a bañarte, represéntate lo que comunmente pasa en los baños públicos: allí se tira agua, se empuja, se dicen injurias y se roba. Te encontrarás más seguro si dices: «Yo quiero bañarme, pero también quiero conservar mi libertad soportando lo que me impone la naturaleza». Observa esta máxima en todas empresas. Así, si algo te impide ir a los baños, te dirás: «No quería solamente bañarme, sino también conservar mi libertad y mi independencia, y no las conservaría si me altero».

No son las cosas que nos ocurren las que nos dañan, sino nuestra interpretación de las mismas. Por ejemplo, la muerte no es algo terrible; si lo fuera, a Sócrates[4] le hubiera parecido terrible.La opinión que se forma de la muerte es la que la hace tan espantosa. Por tanto, cuando estemos contrariados, turbados o tristes, no acusemos a los otros, sino a nosotros mismos; es decir, a nuestras opiniones. Acusar a los otros por nuestros fracasos es de ignorantes; hacerlos caer sobre uno mismo es comenzar a instruirse; no acusarse a sí mismo ni a los otros, es de sabios.

4- LOS BIENES

No te jactes de ningún mérito ajeno. Si un caballo se dijera «soy hermoso», sería soportable; pero tú, cuando presumes de tener un caballo hermoso, ¿qué hay ahí en eso que te pertenezca? Sólo el uso de tu imaginación. Así que, cuando uses tu fantasía, sigue la Naturaleza, entonces podrás enorgullecerte de un bien que es tuyo.

5- EL DEBER PRINCIPAL

Así como en un viaje por mar, cuando tu barco entra a un puerto y se te envía a por agua,

---

[4] La referencia a Sócrates es constante entre los estoicos como modelo a seguir y, particularmente, en su entereza ante el hecho de la muerte y la confianza en la existencia de una nueva vida tras morir.

tú puedes por el camino recoger las plantas y mariscos que encuentras por el mismo. Sin embargo, no alejas tu pensamiento del barco y giras a menudo la cabeza para volver tan pronto como el patrón te llame y, si es preciso, arrojar lo que has recogido, no sea que éste te haga atar y meter en el fondo de la embarcación como a las bestias. Del mismo modo, en el viaje de la vida, si en vez de un marisco o una seta se te da una mujer y un niño, puedes aceptarlos; pero si el patrón te llama, corre rápidamene sin mirar atrás. Si eres viejo, no te alejes demasiado del barco, no sea que no puedas alcanzarlo cuando el patrón te llame.

6- ACEPTAR LAS COSAS COMO SON

No pidas que las cosas lleguen como tú las deseas, sino deséalas tal y como lleguen. Así serás dichoso.

7- LOS OBSTÁCULOS EN LA VIDA

La enfermedad es un obstáculo para el cuerpo, pero no para la voluntad, a menos que ésta no lo consienta. Si eres cojo, hay un obstáculo para tu pie, pero no por eso dejas de ser libre. Si utilizas el mismo razonamiento para todos los accidentes de la vida, te darás cuenta de que son un obstáculo para alguna otra cosa, pero no para ti.

8- CÓMO ACTUAR ANTE LAS COSAS EXTERIORES

Ante cada impresión que recibas de las cosas exteriores, entra en ti mismo y busca la facultad que te ha dado la naturaleza para resistirlos. Si ves a un joven hermoso o a una joven bella, encontrarás en ti mismo la continencia para defenderte de la seducción. Contra la pena o el trabajo hallarás el coraje. Contra las injurias encontrarás la paciencia. Si tomas este hábito, los fantasmas de la imaginación no tendrán poder alguno sobre ti.

9- NO HAY NADA QUE PERDER

Jamás digas sobre ninguna cosa: «yo he perdido aquello»; sino que di: «lo he devuelto». Si ha muerto tu hijo, lo has devuelto. Si tu mujer ha muerto, lo has devuelto. Si tus campos te han sido arrebatados, han sido restituidos. Si es un malvado quien te ha despojado de ellos, ¿qué importan las manos por las cuales aquel que te la ha dado a querido retirártela? Mientras te las deje gozar, úsalas como un bien ajeno, como un viajante disfruta de un hotel.

10- GANAR CON LA RENUNCIA

Si quieres progresar en la sabiduría abandona pensamientos como estos: «Si descuido mis negocios, me arruinaré y no tendré de qué vivir. Si no corrijo a mi esclavo, ¿se hará malo?» . Piensa que más vale morir de hambre, sin temor ni pesadumbre, que vivir en la abundancia con continuos terrores. Y más vale que tu esclavo sea malo a que tú seas infeliz. Comienza por las cosas pequeñas. Si se te ha derramado el aceite o te han robado el vino, di: «este es el precio con el que se compra la tranquilidad y a este precio se compra la libertad; nada es gratuito». Cuando llames a tu esclavo, piensa que no puede oírte, o que habiéndote oído no puede hacer lo que le has mandado. De este modo, tu esclavo no será mejor, pero tú ganarás en ello infinito, pues le impedirás que te cause ningún trastorno.

11- ANTE LAS CRÍTICAS Y ALABANZAS DE LOS DEMÁS

Si quieres progresar en la sabiduría, que no te importe pasar por necio e insensato haciendo ver lo poco que te importan las cosas exteriores. No intentes pasar por sabio. Si algunos te miran como un personaje, desconfía de ti mismo, porque es difícil conservar la voluntad conforme a la recta razón y ocuparse al mismo tiempo de las cosas ajenas, ya que es preciso descuidar lo uno si te atareas en lo otro.

12- ADECUA TUS DESEOS A LA REALIDAD

Si quieres que tus hijos, tu mujer y tus amigos vivan eternamente, eres un loco, porque sería desear que las cosas que no dependen de ti, sí dependan y que lo ajeno, sea tuyo. Del mismo modo, serás un loco si pretendes que tu esclavo no cometa jamás ninguna falta. También estás loco si quieres que tu empleado no cometa falta alguna, porque sería controlar lo que no puedes controlar.

13- LA LIBERTAD

Nuestro único dueño es aquel que tiene el poder de arrebatarnos lo que deseamos y de obligarnos a hacer lo que nos repugna. ¿Quieres ser libre? Pues no busques lo que a otro pertenece y no depende de ti; si no haces esto, serás un esclavo.

14- LA VIDA ES UN BANQUETE

Recuerda que debes portarte en la vida como en un banquete. Si te acercan un plato, extiende tu mano y cógelo con modestia. Si alejan un plato de ti, no lo retengas. Si aún no te ha llegado el plato, no hagas conocer de lejos que lo deseas, sino que espera con paciencia hasta que lo acerquen. Pórtate así con tu mujer y tus hijos, con los cargos y las dignidades, con los honores y las riquezas; entonces serás digno de ser admitido en la mesa de los dioses. Y si pudiendo gozar de estos bienes los desechas y desprecias, no sólo serás convidados por los dioses, sino que reinarás con ellos. Por ese motivo, Diógenes, Heráclito y sus semajentes fueron justamente llamados hombres divinos, como en efecto lo eran.

15- AYUDA A LOS DEMÁS, PERO NO TE CONTAGIES DE SU PENA

Si ves a alguien afligido y llorando porque ha perdido su fortuna o por la muerte o asuencia de su hijo, ten cuidado y no vayas a creer que este hombre es desgraciado porque ha perdido esas cosas ajenas. Entra inmediatamente dentro de ti mismo y haz esta distinción: «Lo que hace daño a esta persona no es el suceso en sí mismo, puesto que otra persona podría no sentirse desgraciada en la misma situación. Lo que está haciéndole daño es la opinión que ha tomado del suceso». Posteriormente, centra todos tus esfuerzos para curarle de sus preocupaciones con razones sólidas y, si es necesario, no dejes de llorar con él y escúcharle con compasión, pero no dejes que ese dolor pase a tu alma y tú quedes también afligido.

16- EL PAPEL QUE DESEMPEÑAMOS EN NUESTRA VIDA

Recuerda que estás en el mundo como en un teatro y tú eres un actor que debe representar el papel que el autor le asigne. Que sea corto o largo, no importa, debes hacer el papel que el autor ha decidido darte. Si quiere que hagas el papel de pobre, no importa; procura representar bien ese personaje. Haz lo mismo sea cual sea el papel que te asigne: el de cojo, el de un príncipe o el de un simple particular; porque a ti te toca representar bien el papel que te ha sido dado y a otro el escogerlo.

17- APROVECHAR TODO ACONTECIMIENTO

Si el graznido de un cuervo presagia desgracias, que tu fantasía no te lleve y di: «A pesar de este augurio, ningún contratiempo me trae: sólo le afecta a mi cuerpo, a mis bienes, a mi reputación, a mis hijos o a mi mujer; pero por lo que respecta a mí, hay buenos presagios si yo lo quiero, porque sean cuales sean las cosas que sucedan, está en mí sacar una enseñanza que me aproveche».

18- NO SER ENVIDIOSO

¿Quieres ser invencible? Pues no te expongas jamás a un combate cuya victoria no depende de ti.

Si ves a alguien colmado de honores, elevado a un gran poder o que ha sido distinguido con alguna otra ventaja, no te dejes deslumbrar de esas vanas apariencias ni digas que es feliz. Porque si la dicha perfecta consiste en las cosas que dependen de nosotros, los bienes ajenos no deben hacernos envidiosos ni celosos; así, tú no querras ser General del Ejército, Senador ni Consul, sino libre. Ahora bien, sólo hay un modo de ser libre: despreciando las cosas que no dependen de nosotros.

19- COMO ACTUAR ANTE LAS OFENSAS

No olvides que la ofensa no está en el insulto ni en los golpes que recibes, sino en la opinión que te haces de los mismos. Así que, cuando alguien te enfada, debes saber que no es ese hombre quien te irrita, sino la opinión que has formado de él. Por lo tanto, procura no turbarte por las fantasías de tu imaginación, sosiégate, tómate tu tiempo y serás más fácilmente amo de ti mismo.

20- LA MUERTE

Se consciente de la muerte, del destierro y todo lo que espanta a los hombres, sobre todo de la mortalidad; así no tendrás bajos pensamientos y nada desearás con fervor.

21- FILOSOFAR

Si quieres estudiar la sabiduría, prepárate para para que la multitud se burle de ti, te ridiculice y diga: «De un día para otro se ha hecho filósofo. ¿De dónde le viene tanta arrogancia?». Pero tú, procura no enfadarte, aplícate fuertemente lo que te parezca mejor y persevera en ello como si fuera un puesto en el que el mismo Dios te ha colocado. Recuerda que si sostienes tu carácter con entereza, aquellos que en principio se burlaron de ti acabarán por admirarte. Pero si los bufones te hacen cambiar de opinión, les darás un nuevo motivo para ridiculizarte.

22- QUERER AGRADAR A LOS DEMÁS

Si hablas y te explayas sólo para intentar agradar a los demás, acabas degradándote. Conténtate con ser filósofo. Si quieres parecerlo, haz que sólo lo sea a tus propios ojos, con eso es suficiente.

23- SOBRE LOS HONORES Y CARGOS PÚBLICOS

No perturbes tu reposo con estos vanos pensamientos:

«Viviré sin honores y sin prestigio». Porque si el vivir sin honores es un mal, no depende de ti. ¿Depende de ti ser nombrado en un puesto prestigioso? ¿Depende de ti ser invitado a una fiesta? En absoluto. Entonces, ¿dónde está la ignominia? ¿Cómo puede ser que no seas alguien en el mundo, tú que no puedes ser más que de lo que ti depende y valer en lo que tu quieras?

«No podré ayudar a mis amigos». Pero, ¿qué quiere decir esto? ¿Qué no le darás dinero ni le obtendrás el derecho de los ciudadanos de Roma? Pero, ¿quién ha dicho que estas cosas dependen de nosotros y no de otros? ¿Puede darse a los otros lo que no se tiene?. «Adquiere bienes (te dirán) para que nosotros los tengamos». Si yo puedo enriquecerme conservando el honor y la buena fe sin perder el pudor, la modestia, la fidelidad y la magnanimidad, muéstrame el camino que hay que tomar para ser rico y lo seguiré. Pero si quieres que yo pierda mis verdaderos bienes a fin de adquirir unos falsos, date cuenta hasta qué punto eres injusto y careces de razón. ¿Qué es lo que más queréis: el dinero o un amigo fiel y honrado? Ayúdame entonces a conservar estas virtudes y no pretendas de mí que haga cosas que me las harían perder.

«Pero todavía dirás que no seré útil a mi patria». ¿Qué servicios puedes prestarles? Es verdad que no le darás pórticos ni baños públicos. ¡Pero y qué! Tampoco son los herreros los que hacen los zapatos, ni los zapateros lo que forjan las armas. Basta con que cada uno ejerza su oficio. Pero si das a la patria un ciudadano honrado y virtuoso, ¿no le estás haciendo un servicio? No le podrás dar uno mayor y, entonces, no le serás inútil.

«¿Que puesto tendré en la ciudad?», preguntas. Aquel que puedas obtener conservando tus costumbres puras e irrepensibles. Pero si por querer servir a tu patria abandonas estas costumbres, ¿de qué utilidad le serías después de volverte un impúdico y un pérfido?

24- TODO TIENE UN PRECIO

Si prefieren a otro antes que a ti en una fiesta, en una visita o en una reunión, presta atención a si estos son bienes verdaderos y felicita a quien los ha conseguido; pero si son males, ¿por qué debes sentirte afligido si no te han tenido en consideración? Recuerda que no haciendo nada para obtener las cosas que no dependen de nosotros, no tienes derecho a ellas. Del mismo modo que aquel que va a la puerta del poderoso, no los acompaña ni lisonjea, no puede ni debe esperar ser tratado tan bien como aquel que va allí todos lo días, que los acompaña y los alaba. Serías injusto e insaciable si no dando las cosas con las cuales se compran los favores, quieres obtenerlos gratis.

¿Cuánto cuestan las lechugas en el mercado? Un cuarto, por ejemplo. Si alguno paga ese cuarto, se las lleva. Pero tú, que nada ofreces, ¿crees tener menos que aquel a quien le vendieron las lechugas? Si él tiene sus lechuga, tú tienes tu cuarto, que no has dado. Lo mismo sucede con todos estos honores. Si no has sido invitado a una fiesta es porque no has pagado su precio al anfitrión. Este precio es una adulación, una complacencia y una sumisión. Si la cosa te conviene, págala; pero querer obtenerla sin pagar precio alguno es ser injusto e insaciable. Por otro lado, ¿no tienes algo que sustituya a esa fiesta? Verdaderamente, tienes algo que vale más que no ir a la fiesta: el no haber alabado a aquel que no hallabas digno de ello y el no tener que haber estado en su puerta sufriendo su orgullo y sus desdenes.

25- LA VOLUNTAD DE LA NATURALEZA

Podemos aprender sobre la intención de la Naturaleza por los sentimientos que inspiran a todos los hombres. Por ejemplo, cuando el esclavo de tu vecino ha roto un vaso u otra cosa, le dices para consolarlo que es un accidente que ocurre muy a menudo. Entonces, muestra la misma tranquilidad si al tuyo le sucede lo mismo. Aplica esta máxima a las cosas más importantes. Si alguien pierde a su esposa o a su hjo, no hay nadie que no diga que así es la vida. Pero si nos sucede a nosotros, nos desesperamos y gritamos: «¡Qué desgraciado soy!». Entonces es preciso acordarse de la sangre fría que tenemos si a otro le sucede lo mismo.

26- EL MAL NO EXISTE

Al igual que nunca nos proponemos que las cosas nos salgan mál, la naturaleza del mal no existe en el mundo.

27- VALORA TU ALMA

Te indignarías si alguien entregara tu cuerpo al antojo del primero del primero que llegara. Sin embargo, no te avergüenzas de abandonar tu alma al primero que llega y te injuria, la turba y aflije.

28- PIENSA EN LAS CONSECUENCIAS ANTES DE ACTUAR

No hagas nada sin pensar bien lo que le precede y lo que le sigue. Si no observas esta conducta, comenzarás alegremente tu empresa porque no habrás previsto sus consecuencias;

pero viendo las dificultades que ocurren al final, acabarás lleno de confusión.

Si quieres lograr la victoria en los Juegos Olímpicos (y también yo, por cierto, porque no hay nada más glorioso)[5], examina bien lo que precede y lo que sigue a una empresa semejante. Piensa en ella después de realizar ese examen. Es preciso que sigas unas reglas severas: comer sólo por necesidad, abstenerte de golosinas, hacer los ejercicios aunque sea con disgusto y a las horas señaladas tanto en verano como en invierno, no beber vino a menos que te lo permitan; en una palabra: someterte sin reservas a tu entrenador como si fuera un médico. Después de todo esto, deberás salir a la palestra; allí puedes romperte un brazo, dislocarte un pie, tragar polvo, ser golpeado y, tras todo ello, correr el riesgo de ser vencido. Cuando hayas hecho todas estas reflexiones, hazte atleta si tú quieres. Pero si no tomas precauciones serás como un niño que en sus juegos es unas veces luchador, otras veces músicos, otras veces gladiador y otras veces actor de tragedias. Lo mismo pasará contigo, serás sucesvamente atleta, gladiador, orador y filósofo; pero, en el fondo de tu alma, no serás nada. Imitarás, como un mono, todo lo que veas hacer a

---

[5] Los Juegos Olímpicos llegaron a ser tan importantes en la Antigua Grecia que incluso durante la celebración de los mismos se paralizaba toda contienda bélica (tregua sagrada). En la época en la que vivió Epicteto, los Juegos Olímpicos habían perdido gran parte de su relevancia, pero aún seguían siendo unos importantes eventos deportivos, religiosos y sociales.

los demás y cada vez te gustará algo distinto. Esto te sucederá porque no has actuado tras una reflexión, sno temerariamente, por caprichos. Por ese motivo, alguna gente, al ver un filósofo u oyendo decir a otros: «¡Qué bien habla Eufrates! ¡Quién puede razonar y explicarse con más fuerza y sentido!», toman la decisión de hacerse filósofos.

Considera primero el asunto que intentas emprender y luego examina tu propia naturaleza, para ver si ella es tan fuerte como para llevar ese carga. Si quieres ser combatiente o luchar, mira antes tus brazos, tus muslos y comprueba la fuerza de tus lumbares, porque no todos nacimos para la misma cosa. ¿Piensas que siendo filósofo podrás comer, beber y vivir con las comodidades que vivías? Debes velar, trabajar, apartarte de tus familiares y amigos, así como sufrir los desprecios de una esclavitud. Es preciso esperar toda clase de humillaciones, ser excluidos de los honores y de los cargos en los tribunales; en una palabra, de todos los negocios. Reflexiona sobre todo esto y si quieres pagar este precio por la tranquilidad del alma, la libertad y la constancia. Si no, ten cuidado de no hacer como los niños, ser hoy un filósofo, mañana un político, posteriormente un rector y después Intendente del Príncipe. Estas cosas no concuerdan. Es preciso que seas sólo un hombre, bueno o malo. Es necesario que cultives tu inteligencia y perfecciones tu razón o, por el contrario, te ocupes únicamente de tu cuerpo. Es indispensable que trabajes para adquirir bienes interiores o bienes exteriores; es decir, es preciso que soportes el carácter de un filósofo o el de un hombre común.

29- EL DEBER

El deber se mide por la relaciones que unen a los hombres entre sí. ¿Es tu padre? Pues debes cuidarle, obedecerle en todo, sufir sus reprimendas y sus malos tratos. ¡Pero es un mal padre! ¿Y qué importa? ¿Es que la Naturaleza te unió necesariamente a un buen padre? No, ella te unió simplemente a un padre. Si tu hermano te ha hecho una injusticia, cumple con tus deberes con él y no pienses en lo que ha hecho, sino en lo que tú debes hacer y lo que la naturaleza exige de ti. Así, nadie te ofenderá salvo que tú quieras; no serás herido excepto cuando creas serlo. Sigue esta regla: sigue las relaciones mutuas establecidas entre los hombres y conoceras facilmente los deberes de un vecino, de un ciudadano y de un general.

30- LA PIEDAD

Debes saber que el principal fundamento de las religiones consiste en tener opiniones rectas y sanas de los dioses, el creer que existen y gobiernan el mundo con tanta justicia como sabiduría, que debes obedecerlos y aceptar sin rechistar los accidentes que te ocurran como si hubieran sido producidos por una inteligencia inifinitamente sabia. Sólo hay una forma de llegar a esto: renunciando a todo lo que no depende de nosotros y no colocar tu felicidad ni tu desgracia mas que en lo que depende de nosotros. Porque si tomas por un bien o por un mal alguna cosa que de ti no depende, tus deseos quedarán frustrados y caerás en lo que temes, quejándote entonces y odiando a los que crees causantes de tu malestar.

La naturaleza inspira en todo animal que aborrezca y huya de lo que le parece malo o dañino y de lo que lo causa. Y el mismo instinto los lleva, por el contrario, a acercarse a lo que le es útil y a amar lo que le es agradable. Le es imposible al que ha recibido algún daño, mirar a su autor con gusto, porque uno no puede alegrarse del mal que sufre; ese es el motivo por el que un hijo llena de reproches e injurias a un padre cuando este lo niega lo que el hijo cree bueno para él. De aquí provino la guerra entre Eteocles y Polinices, que se degollaron por haber deseado el trono como un gran bien[6]. Y por ese motivo se han generado tantas murmuraciones contra el agricultor, el piloto y el comerciante. Y lo mismo en el caso del que acaba de perder a su esposa o hijos. Y es que la devoción hacia los dioses se mira por el bien que les hacen. Por este motivo, todo hombre debe duidar sus deseos y aversiones

---

[6] Eteocles y Polinices eran hermanos y decidieron que cada uno reinaría en Tebas durante un año y transcurrido este le cedería el trono al hermano. Si embargo, transcurrido su turno, Eteocles decidió no ceder el trono a Polinices y se inició una guerra durante la cual los dos hermanos se dieron muerte mutuamente.

según las reglas establecidas para alimentar y aumentar su piedad.

En las ofrendas y sacrificios que se hacen a los dioses, cada uno debe seguir la costumbre de su país y presentarlas con pureza, sin hipocresía, sin negligencias y sin avaricia; pero también con prudencia, no entregando más de lo que puede.

31- LOS ADIVINOS Y LAS PROFECÍAS

Cuando vas a consultar al oráculo, ignoras lo que va a suceder y vas a conocerlo. Pero si eres filósofo, sabrías sin su ayuda que aquello que no depende de ti no es ni bueno ni malo. Entonces, no vayas al adivino mostrando aversión ni deseo, porque entonces llegarías hasta él temblando; convéncete, sin embargo, que lo que te puede suceder te es indiferente, que no te afecta, y que sea de la naturaleza que sea, depende de ti el hacer buen uso de ello sin que nadie pueda obstaculizarte. Por tanto, preséntante con confianza ante los dioses, como si fueras a pedirle consejo. Después de que hayan hablado por sus oráculos, piensa en la dignidad de aquellos a los que tomas por guía y cuya autoridad despreciarás si no obedeces.

No vayas al adivino, como advirtió Sócrates, más que por aquellos casos que no pueden preveerse con la razón ni con las reglas de ningún arte. Si se trata, por ejemplo, de exponerte a algún peligro por defender a un amigo o a la patria, es inútil preguntar al adivino qué debes hacer, porque si éste lee en las entrañas de la víctima alguna cosa funesta, te presagiará la muerte, la pérdida de algún miembro o el destierro; pero la recta razón, de acuerdo con los dioses, no dejaría de mandarte socorrer a tu amigo o a la patria a pesar de los sacrificios. Fíate entonces de un advino aún más grande que el que consultaste, éste es Apolo Pitio[7], que echó del templo a uno que vio degollar a su amigo sin socorrerlo.

32- SIGUE TUS PROPIAS REGLAS

Prescribete una regla y no te apartes de ella jamás, cúmplela constantemente, ya sea tanto cuando estés sólo como acompañado.

33- GUARDAR SILENCIO Y LOS CHISMORREOS

Guarda silencio con frecuencia y no digas más que las cosas necesarias y con pocas palabras. Deberíamos hablar pocas veces, sólo si las circunstancias y los tiempos lo exigen. No deberíamos hablar de cosas triviales, como son los combates de gladiadores, los juegos del circo, de los atletas, ni de la calidad de las comidas o de los vinos, que son temas de conversación ordinaria.

---

[7] El culto a Apolo Pitio era realizado en Delfos, en contraposición al de Apolo Cintio, propio de Delos. A pesar de referirse al mismo dios, Apolo, los cultos eran distintos.

Pero, sobre todo, no hables nunca de otros hombres ya sea para criticarlos, para alabarlos o para hacer comparaciones entre ellos.

34- LAS CONVERSACIONES

Si puedes, procura que tus conversaciones con tus amigos sean siempre sobre cosas útiles y convenientes. Si estás con extraños e indiferentes, es mejor callar.

35- LA RISA

No rías mucho, con frecuencia, ni con exceso.

36- EL JURAMENTO

Si puedes, evita el juramento. Si esto no es posible, jura sólo en muy pocas ocasiones.

37- LOS CONVITES PÚBLICOS

Evita comer fuera de tu casa, sobre todo si son convites públicos. Si no puedes excusarte de ello, duplica la atención sobre ti mismo, no sea que copies las costumbres vulgares. Debes saber que si uno de los convidados es impuro y te juntas con él, te expones a convertirte tambén en impuro, aunque antes no lo hubieras sido.

38- SOBRE LAS NECESIDADES DEL CUERPO Y EL LUJO

Usa lo estrictamente necesario para el cuerpo, como el comer, el beber, el vestirse, el hogar y el tener criados. Pon límites a lo que sólo sea de ostentación o lujo.

39- LAS RELACIONES SEXUALES

Con respecto a los placeres del amor, abstente, en cuanto te sea posible, antes del matrimonio. Y si gustas de ellos, que sea conforme a la ley. Pero no juzgues con demasiada severidad a aquellos que sobre este aspectos sean más flexibles, ni los reprendas agriamente; tampoco hagas pública ni te vanglories de tu continencia.

40- SI HABLAN MAL DE TI

Si te cuentan que han hablado mal de ti, no te entretengas en defenderte ni refutar lo que el otro ha dicho; sólamente responde: «Aquel que ha dicho aquello de mí, ignora mis otros defectos, porque, de lo contrario, habría hablado mucho peor de mí».

41- EL TEATRO, LOS ESPECTÁCULOS DEPORTIVOS Y LOS RECITALES

No es necesario que acudas con frecuencia al teatro o a los juegos. Pero si asistes, no tomes partido por nadie y trata de agradarte sólo a ti mismo. Esto es: no desees que suceda sino lo que realmente suceda y quédate contento con la victoria que obtenga el vencedor; de esta manera esperarás el resultado con tranquilidad.

Sobre todo, evita tomar parte en los gritos, en las risas y en los grandes movimientos del teatro. Ninguna de esas cosas te hará mejor y parecería que sólo el espectáculo te ha llamado tu atención.

No vayas a las lecturas públicas de los poetas y oradores. Pero si asistes, conserva la compostura y la gravedad, sin ofender con ningún gesto al que te ha invitado.

42- CONVERSACIONES CON PERSONAS CONSIDERADAS IMPORTANTES

Cuando debas conversar con alguna persona importante de la ciudad, pregúntate que habrían hecho en tu lugar Sócrates o Zenón[8]. Siguiendo sus ejemplos no harás nada que no sea

---

[8] Zenón de Citio (siglo IV-III a.C.), fundador de la escuela filosófica estoica.

razonable y no tendrás que temer por lo que te pueda ocurrir.

Si vas a la Corte a ver a alguien poderoso, imagínate que no lo encontrarás en casa, que se ocultará, que encontrarás la puerta cerrada o que te recibirá con desdén. Después de estas reflexiones, si te ves obligado a ir, sufre estas humillaciones y no digas que el objeto no valía la pena, porque ese es lenguaje de un hombre vulgar sobre el que las cosas exteriores tienen demasiado poder.

43- CONVERSACIONES CON TUS AMIGOS

En las conversaciones que tengas con tus amigos, evita hablar continuamente de tus viajes o de los peligros que has pasado, porque aunque para ti sea un placer contarlos, no lo es para los demás el oirlos.

Evita hacerte el bromista y el bufón, porque el camino es resbaladizo y corres el riesgo de adquirir las costumbres vulgares y perder la estimación de tus amigos

Es también peligroso tener conversaciones obscenas. Si la ocasión lo permite, reprende a quien la inició o, al menos, hazle saber de tu disgusto con tu silencio, con la vergüenza de tu rostro y con la severidad de tu porte.

44- LOS PLACERES

Si tu imaginación te presenta la idea de algo voluptuoso, entonces, contente igual que con las demás cosas, para que esta idea no te arrastre. En ningún caso cedas al impulso del deseo, para ello haz lo siguiente: tomáte un tiempo; posteriormente, compara los dos momentos, el del goce con el del arrepentimiento y el remordimiento que le seguirá; no olvides, sobre todo, la satisfacción interior que te espera si resistes.

Cuando te hayas asegurado de que es el momento de disfrutar de un placer, no te dejes vencer por su atractivo y oponle el mayor placer de conseguir la victoria de ti mismo.

45- TUS ACCIONES Y LA OPINIÓN DE LOS DEMÁS

Cuando hagas algo que creas que es bueno, no evites ser visto haciéndolo, aunque los demás hagan una interpretación maligna de ello. Si esa acción es mala, no la hagas y si es buena, ¿por qué temes la desparobación de aquellos que te reprueban injustamente?

46- LA VIDA EN SOCIEDAD

Las proposiciones «es de día, es de noche», son verdaderas por separado, pero son falsas si se ponen juntas. Lo mismo ocurre en un banquete: aquel que se apodera de todo lo mejor que sirven, únicamente hace algo muy útil para su cuerpo; pero muy malo y muy grosero para la comunidad dada la igualdad que debe existir entre todos los invitados. Por tanto, cuando comas con otro, recuerda que lo principal es el respeto que debes tener al que te invita y no la calidad de los manjares que excitan tu apetito.

47- NUESTRAS ACCIONES

Si desempeñas un papel superior a tus fuerzas lo harás mal, abandonado al mismo tiempo lo que podrías haber hecho bien.

48- COMO DIRIGIR NUESTRAS ACCIONES EN LA VIDA

Así como al andar tienes cuidado de no pisar un clavo o torcerte un pie, procura de igual modo no dañar la parte noble de tu alma, que debe ser la razón que te guía. Si observas esta norma en todas tus acciones, el resultado será seguro.

49- LAS POSESIONES

Las necesidades físicas de cada uno deben ser la regla de sus riquezas, así como el pie es la medida del zapato. Si sigues esta regla, estarás siempre en el punto medio y justo, pero si la vulneras, serás arrastrado al desorden como a un precipicio. Lo mismo sucede con los zapatos, si son más grandes que la medida de tu pie, posteriormente querrás zapatos dorados, luego púrpuras y al final bordados, porque no hay límite para aquel que rebasa la medida.

50- LAS MUJERES

Apenas cumplen las mujeres catorce años, que los hombres empiezan a cortejarlas. Desde ese momento, ellas piensan que sólo están para agradar a los hombres y sólo piensan en sus adornos y arreglarse para ellos. Pero es necesario hacerlas comprender que sólo pueden agradar y hacerse respetar con la sabiduría, el pudor y la modestia.

51- EL CUERPO Y LOS PLACERES SENSUALES

Una señal clara de estupidez es el ocuparse mucho del cuerpo: ejercitarlo mucho, beber mucho y emplear mucho tiempo en los placeres del otro sexo. Estas cosas no deben ser lo principal, sino lo accesorio de nuestra vida; debemos centrar nuestra atención y tiempo en cultivar nuestra inteligencia.

52- LOS AGRAVIOS

Cuando alguien te hace algo malo o habla mal de ti, recuerda que está obligado a ello porque así lo cree y no va a dejar su parecer por seguir el tuyo. Si alguien te juzga mal, solo a él le hace mal y él solo es el que se equivoca. Porque si alguien cree falso un silogismo verdadero, no es el silogismo quien sufre, sino el que hizo un razonamiento equivocado. Si sigues esta regla, soportarás pacientemente a aquellos que hablen mal de ti porque a cada injuria que recibas, dirás: «Este hombre cree tener razón».

53- LOS DOS PUNTOS DE VISTA DE LAS COSAS

Cada cosa tiene dos asas: una la hace fácil de llevar, mientras que la otra la hace difícil. Si tu hermano te hace una injusticia, no vayas a tener en cuanta sólo la injusticia, porque ese es el lado malo; más bien, piensa que es tu hermano y que os habéis criado juntos. Entonces, tomarás el asunto por el buen lado y se te hará soportable.

54- NO ERES LO QUE TIENES

Es un falso razonamiento el decir: «soy más rico que tú, así que soy mejor que tú; soy más inteligente que tú, entonces soy superior a ti». El razonamiento correcto es decir: «soy más rico que tú porque tengo más riqueza que tú; soy mas inteligente que tú, porque mis discursos tienen mayor valor que los tuyos». Y es que tú no eres riqueza ni discursos.

55- JUZGAR LOS ACTOS DE LOS DEMÁS

Si alguien se baña temprano, no digas que hace mal al bañarse temprano, sino que se baña temprano. Si alguien bebe mucho vino, no digas que hace mal en beber, sino que él bebe. Porque antes de conocer el motivo que les hace obrar así, ¿cómo puedes saber que está mal? Juzgando de este modo siempre estás expuesto a ver una cosa y juzgar sobre otra.

56- NO PRESUMAS DE TU CONOCIMIENTO

Nunca digas que eres filósofo, ni hables bellas máximas delante de los ignorantes, sino que haz lo que estas máximas prescriben. Por ejemplo, en una comida no digas cómo hay que comer, sino que come como se debe. Recuerda lo lejos que estaba Sócrates de toda ostentación y fastuosidad, como cuando los jóvenes le pedían que le recomendara a otros filósofos y los llevaba sin quejarse del poco caso que hacían de su persona.

Si se da la ocasión de hablar de alguna cuestión de filosofía delante de los ignorantes, guarda silencio, porque hay gran peligro de deshechar rápidamente lo que no se ha digerido bien. Si después de que alguien diga que no sabes nada, no te molestes, estarás comenzando a ser filósofo. Porque las ovejas no van a enseñarle al pastor cuanta hierba han comido, sino el producto que dan después de haberla digerido bien: la lana y la leche. Siguiendo esta regla, no hagas vana ostentación de tu saber ante los ignorantes, sino que demuestra con tus acciones el buen uso que has sabido hacer de los preceptos de la filosofía.

57- LA PRESUNCIÓN DE LA CONTENCIÓN

Si controlas tus deseos y apetitos, no te vanglories de ello. Si sólo bebes agua, no digas a cada paso que sólo bebes agua. ¡Mira cuanta ventaja te llevan en la frugalidad y en la dureza con que tratan sus cuerpos! Si quieres ejercitarte en el trabajo y en la pobreza, hazlo para ti, pero no para los otros, no abraces las estatuas; pero si tienes la sed más ardiente, toma agua fresca, tírala sin tragarla y no se lo digas a nadie.

58- LA ACTITUD DEL FILÓSOFO

La actitud y el carácter del ignorante es no esperar jamás de él mismo su provecho o perjuicio, sino de las cosas que no dependen de él. La actitud y el carácter del filósofo es esperar de si mismo todo su bien y todo su mal.

Algunas señales del que progresa en el estudio de la sabiduría son: no censura ni alaba a nadie; no se queja ni acusa a nadie; no habla de si mismo como si fuera una persona importante o que supiera alguna cosa; si encuentra algún obstáculo que le retrasa o impide la consecución de sus proyectos, a nadie culpa más que a si mismo; si alguien le alaba, se burla en secreto del adulador; si le reprenden, no se disculpa, sino que que se explora y examina como un convaleciente con temor de interrumpir la curación antes de que se salud se halle plenamente retablecida; él es dueño absoluto de sus deseos; sólo tiene aversión a las cosas que, dependiendo de nosotros, están en contra de la naturaleza; nada desea con vehemencia; si le tratan de estúpido o ignorante, no le molesta. En definitiva, desconfía de si mismo como de un enemigo y de un hombre que le tiende trampas continuamente.

59- ACTUAR SEGÚN PROPONEN LOS FILÓSOFOS

Cuando alguien presuma de entender y explicar las obras de Crisipo[9], di para ti: «si Crisipo hubiera escrito de forma menos oscura, este hombre no tendría motivo por el que vangaloriarse». Pero yo, ¿qué es lo que deseo?, conocer la Naturaleza y seguirla. Me pregunto entonces quien es su mejor intérprete. Me dicen

---

[9] Crisipo de Solos (siglo III a.C), filósofo estoico y padre de la gramática.

que Crisipo. Yo lo compro, pero no lo entiendo; entonces busco a alguien que me lo explique. Hasta ahí no hay nada de que vanagloriarse. Cuando haya encontrado un buen intérprete me faltará poner en práctica los preceptos del filósofo, esa es la única cosa por la que pueden alabarme. Porque si me contento con admirar la explicación de los libros de Crisipo, soy un sólo un gramático y no un filósofo con la diferencia de que explico a Crisipo en lugar de a Homero. Por tanto, cuando alguien me propone que le explique a Crisipo, me avergüenza más no actuar conforme a sus preceptos que el no entender sus escritos.

Mantente firme en la práctica de todas estas máximas, y síguelas como si fueran leyes que no puedes violar sin impiedad. Que no ten importen las cosas que puedan decir de tu persona, porque eso no depende de ti.

¿Hasta cuando retardarás el poner en práctica estas grandes lecciones y en obedecer en todo a la voz de la razón? Acabas de recibir las máximas que deben guiar tu vida y les has prestado tu consentimiento. Entonces, ¿qué nuevo maestro esperas para cambiar tus costumbres? Ya no eres un niño, sino un hombre hecho. Si te mantienes en la inacción y la indolencia, si de un día para otro vas dejando la oportunidad de corregirte, si añades pausas a las pausas y resoluciones a resoluciones sin efecto, vivirás y morirás como un ignorante, sin hacer ningún progreso en el estudio de la sabiduría.

Entonces, comienza desde hoy a vivir como una persona que aspira a la perfección y que ha dado ya algunos pasos en la carrera. Que todo lo que te parezca bello y hermoso sea para ti una ley inviolable. Si el dolor, algo desagradable, la gloria o la infamia se te presentan, acuerdate de que es el momento del combate, que la barrera se abre, que los Juegos Olímpicos te llaman, que ya no es tiempo de volverse atrás. Tu avance o tu retroceso dependen de la victoria o la derrota. Así es como Sócrates llegó a tan alto grado de sabiduría, utilizando las cosas para su progreso sin retroceder un paso, escuchando a la recta razón. En cuanto a ti, aunque no seas todavía como Sócrates, debes vivir como si éste fuera tu modelo.

60- LAS PARTES DE LA FILOSOFÍA

La primera y más importante parte de la filosofía es la que trata de la práctica de los preceptos; por ejemplo, de la obligación de no mentir. La segunda, es la que tiene por objeto las demostraciones, es decir, por qué es preciso no mentir. La tercera trata de la prueba tales demostraciones y explicar su naturaleza, como por ejemplo lo que lo hace verdadero: ¿en qué consiste una demostración?, ¿qué es una demostración?, ¿qué consecuencias tiene?, ¿qué oposición?, ¿qué verdad?, ¿qué falsedad? Esta tercera parte es necesaria para la segunda y la segunda lo es para la primera; pero la primera es la más necesaria de todas y en la que debemos detenernos más. De ordinario, invertimos ese orden y nos detenemos sobre todo en la tercera, descuidando totalmente la primera: mentimos sin escrúpulos, pero siempre estamos dispuestos a demostrar que no hay que mentir.

61- SENTENCIAS (EPÍLOGO)

Ten siempre presente en tu memoria esta oración: «¡Gran Júpiter, guíame en todo aquello en lo que tú has destinado que yo debo hacer. Te seguiré constantemente. Y cuando quiera resistir a tus órdenes, te seguiré a pesar de mí!»

Recuerda, además, que el que cede a la necesidad es sabio y hábil en el conocimiento de los decretos de los dioses.

Finalmente, di con Sócrates: «Caro Critón[10], si los dioses lo han querido así, cúmplase su voluntad. Ánito y Meleto[11] pueden hacerme morir, pero no sabrán hacerme mal».

---

[10] Critón fue un amigo de Sócrates y le ofreció la posibilidad de huir de la prisión y evitar la pena de muerte, a lo que Sócrates se negó.

[11] El político Anito, el poeta Meleto y el orador Licón fueron los que acusaron a Sócrates de los delitos que le llevaron a ser condenado a muerte.

ÍNDICE

El estoicismo 3

Epicteto 11

El Manual de Epicteto 15

MANUAL DE EPICTETO

1- Lo que depende y no depende de nostros 17

2- Sobre el deseo 18

3- Ver las cosas como son 19

4- Los bienes 20

5- El deber principal 20

6- Aceptar la cosas 21

7- Los obstáculos en la vida 21

8- Cómoactuar antes las cosas exteriores 22

9- No hay nada que perder 22

10- Ganar con la renuncia 22

11- Ante las críticas y alas alabanzas de los demás 23

12- Adecua tus deseos a la realidad 24

13- La libertad 24

14- La vida es un banquete 24

15- Ayuda a los demás, pero no te contagies de su pena 25

16- El papel que desempeñamos en nuestra vida 26

17- Aprovechar todo acontecimiento 26

18- No ser envidioso 27

19- Cómo actuar ante las ofensas 27

20- La muerte 28

21- Fiosofar 28

22- Querer agradar a los demás 28

23- Sobre los honores y cargos públicos 29

24- Todo tiene un precio 30

25- La voluntad de la naturaleza 31

26- El mal no existe 32

27- Valora tu alma 32

28- Pensar en las consecuencias antes de actuar 32

29- El deber 35

30- La piedad 35

31- Los adivinos y las profecías 37

32- Sigue tus propias reglas 38

33- Guardar silencio y los chismorreos 38

34- Las conversaciones 39

35- La risa 39

36- El juramento 39

37- Los convites públicos 39

38- Sobre las necesidades delcuerpo y el lujo 40

39- Las relaciones sexuales 40

40- Si hablan mal de ti 40

41- El teatro, los espectáculos públicos y los recitales 41

42- Conversaciones con personas consideradas importantes 41
43- Conversaciones con tus amigos..42
44- Los placeres..43
45- Tus acciones y las opiniones de los demás 43
46- La vida en sociedad 43
47- Nuestras acciones..44
48- Como dirigir nuestras acciones en la vida.........................44
49- Las posesiones 44
50- Las mujeres...45
51- El cuerpo y los placeres sensuales 45
52- Los agravios..46
53- Los dos puntos de vista de las cosas................................46
54- No eres lo que tienes 46
55- Jugar los actos de los demás..47
56- No presumas de tu conocimiento......................................47
57- La presunción de la contención...48
58- La actitud del filósofo...48
59- Actuar según proponen los filósofos 49
60- Las partes de la filosofía 51
61- Sentencias (Epílogo)..52

Bibliografía:

CAPPELLETTI, A. J. *Los estoicos antiguos: Zenón de Citio. Introducción, traducción y notas*. Editorial Gredos, 1996.

DOMÍNGUEZ MANZANO, David. *El estoicismo como moral en Vives, el Brocense y Quevedo.* INGENIUM. Revista de historia del pensamiento moderno, nº5, enero-junio, 2011, págs. 105-131.

EPICTETO. *Manual de Epicteto. Traducido del francés por D. Enrique Ataide y Portugal.* Oficina de Aznar, 1802.

EPICTETO. *Máximas de Epicteto. Traducidas por Apeles Maestre*. Calpe, 2012

IRVINE, William B. A Guide to the Good Life: The Ancient Art of Stoic Joy. Oxford University Press, 2008.

PLATÓN, *Fedón o del alma.*

SALLES, Ricardo. *Los estoicos y el problema de la libertad.* UNAM, Instituto de Investigaciones Filosóficas, 2006.

TRIANA ORTIZ, Manuel. *La ética kantiana, el epicureismo y el estoicismo.* Revista Estudios, Universidad de Costa Rica, números 14 y 15, págs. 135-140. 1997-1998.

ZAMBRANO, María. *Séneca.* Ediciones Siruela, 3ª edición, octubre de 2005.

COLECCIÓN TÁNTALO

LIBROS PUBLICADOS

Nº 1: MIGUEL HERNÁNDEZ GILABERT - Opúsculo poético
Antonio Rodríguez Lorca
Nº 2: SUSURROS AL OÍDO DE MI NOCHE - Relatos cortos
José Manuel Serrano Cueto
Nº 3: POEMAS DE AMOR Y LUNA - Poesía
Antonio Rodríguez Morales
Juan Carlos Pedrosa Frende
Nº 4: PLAZAS DE TOROS DE LA PROVINCIA DE CÁDIZ - Ensayo
Francisco Javier Orgambides Gómez
Nº 5: DOS ANDALUCES EN POEMAS Y CANTES (2ª edición)
- Opúsculo poético
Antonio Rodríguez Lorca
Nº 6: LA EDAD TEMPRANA - Ensayo
José Manuel Gutiérrez Fernández
Nº 7: EL SENTIR DE LA VIDA - Poesía y prosa
Emilio Monjas Zorzo
Nº 8: VIVENCIAS DE UN PUEBLO - Relato
Emilio Monjas Zorzo
Nº 9: SORAYA - Poesía
José Manuel Serrano Cueto
Nº 10: TODO POR TI - Poesía
Juan M. Ponce Alegre
Nº 11: ALCANDORAS - Poesía
Antonio Rodríguez Lorca
Nº 12: CÓCTEL DE LUCES Y SOMBRAS - Poesía y prosa
Antonio Rodríguez Lorca
Nº 13: SALA DE ESPERA DEL EXPRESO AL PARNASO (2ª edición) - Poesía
Antonio Rodríguez Lorca
Nº 14: AMISTADES DE EROS - Poesía
Antonio Rodríguez Lorca
Nº 15: POÉTICA DEL BALONMANO (2ª edición) - Poesía
Antonio Rodríguez Lorca
Nº 16: EL TEMPLO DE LOS ESPEJOS - Novela corta
Antonio Rodríguez Lorca
Nº 17: ATARDECERES - Poesía
José María Álvarez Galván
Nº 18: INSISTENCIA SOBRE UN MISMO PUNTO - Novela
Isabel Berdugo Conesa
Nº 19: LOS BESOS DE SELENE Y EL MUNDO QUE NOS RODEA
- Poesía y prosa
Antonio Rodríguez Morales
Nº 20: LA FELICIDAD DEL ALZHEIMER - Novela histórica
Antonio Rodríguez Lorca
Nº 21: LO QUE SUCEDIÓ Y NUNCA VOLVERÁ - Poesía
Antonio Rodríguez Lorca
Nº 22: F. G. LORCA : SU VIDA, SU OBRA Y MI CRÍTICA
Poesía y prosa (en español e inglés)
Autor en español: Antonio Rodríguez Lorca
Traductor al inglés: José Manuel Cano Franco

Nº 23: PRISIONERO DE LA LUNA, EL SOL Y LAS ESTRELLAS FUGACES - Poesía
Antonio Rodríguez Lorca
Nº 24: CHANTAJE, AMOR Y SANGRE - Drama póstumo
Antonio Pérez Guadix
Nº 25: TAN LEJOS Y TAN CERCA. LA RELACIÓN ENTRE CÁDIZ Y EL RÍO DE LA PLATA - Ensayo
Antonio Rodríguez Morales
Nº 26: EL TREN DEL EMIGRANTE Y OTROS RELATOS
- Relatos (Obra póstuma)
Antonio Pérez Guadix
Nº 27: EL TERROR MILENARIO - Novela
Isabel Berdugo Conesa
Nº 28: PRISIONERO DE LA LUNA, EL SOL Y LAS ESTRELLAS FUGACES (6 NARRACIONES PARA MAYORES DE 15 AÑOS)
(2ª Edición) - Prosa
Antonio Rodríguez Lorca
Nº 29: LA DESTRUCCIÓN DE TÁJAR (PIEZA TEATRAL EN 14 MOMENTOS) - Teatro
Antonio Rodríguez Lorca
Nº 30: NARRACIÓN DE UNA VIDA ANDALUZA (AUTOBIOGRAFÍA)
Antonio Rodríguez Lorca
Nº 31 : EL SIGLO DE ORO ESPAÑOL - Ensayo
Isabel Berdugo Conesa
Nº 32: DROGA EN LA GUERRA FRÍA - Ensayo
Isabel Berdugo Conesa
Nº 33: PINK FLOYD: VIAJE A LA IMAGINACIÓN - Ensayo
Isabel Berdugo Conesa
Nº 34: RELATOS PARA MIS NIETOS - Relatos
Francisco Martínez Mera
Nº 35: RELATO DE UN DEPRIMIDO - Relato
Antonio Rodríguez Lorca
Nº 36: DESGARROS - Relato
Marpa
Nº 37: TUNDRA - Poesía
Salvador Moreno Díaz
Nº 38: SENUME DEL VIENTO - Poesía
Salvador Moreno Díaz
Nº 39: LAS HIPÉRBOLES ANDALUZAS Y BENIGNO - Novela
Antonio Rodríguez Lorca
Nº 40: HIMNO DE HUETOR TÁJAR
Antonio Rodríguez Lorca
Nº 41: UN BAÚL SIN ZAPATOS - Poesía
Salvador Moreno Díaz
Nº 42: LAS HIPÉRBOLES ANDALUZAS Y BENIGNO (2ª Edición) - Novela
Antonio Rodríguez Lorca
Nº 43: LA FELICIDAD DEL ALZHEIMER (Reedición) - Novela histórica
Antonio Rodríguez Lorca
Nº 44: MIS VERSOS SIN REMEDIO - Poesía
Francisco Martínez Mera
Nº 45: LABERINTOS DE AMOR - Poesía
Salvador Moreno Díaz
Nº 46: VERSIÓN JAPONESA - Poesía
Antonio Jesús Martínez Delgado
Juan Antonio Sevilla Blanco
Francisco Javier Martínez Delgado
Nº 47: UN VIEJO EN LAS ÚLTIMAS - Poesía
Antonio Rodríguez Lorca
Nº 48: LILIPUT Y LA BITÁCORA - Relato
Isabel Berdugo Conesa

Nº 49: LAS HIPÉRBOLES ANDALUZ Y BENIGNO (3ª Edición)
- Novela Histórica
Antonio Rodríguez Lorca
Nº 50: MIRA TÚ POR DONDE - Poesía
Francisco Javier Martínez Delgado
Nº 51: ACUÉRDATE DE HUÉTOR TÁJAR (2ª Edición) - Poesía
Antonio Rodríguez Lorca
Nº 52: HISTORIA DE HUÉTOR TÁJAR - Historia
Antonio Rodríguez Lorca
Nº 53: EL ZAGALILLO PESCADOR - Relatos
Álvaro Amores Gil
Nº 54: EL SIGLO DE ORO ESPAÑOL (2ª Edición) - Ensayo
Isabel Berdugo Conesa
Nº 55: DISTENSIÓN TRAS LA GUERRA FRÍA - Ensayo
Isabel Berdugo Conesa
Nº 56: GEOMETRÍA ANALÍTICA PARA LA DISTENSIÓN - Ensayo
Isabel Berdugo Conesa
Nº 57: EFECTOS BURBUJA - Ensayo
Isabel Berdugo Conesa
Nº 58: CÁDIZ, CENTINELA DEL MAR. HISTORIA DE LA CIUDAD EN VERSO Y OTROS POEMAS - Poesía
Gabriel Rodríguez Morales
Nº 59: ENTRE FICCIONES - Relatos
Gabriel Rodríguez Morales
Nº 60: LA POESÍA DEL BALONMANO VISTA DESDE CÁDIZ - Poesía deportiva
Antonio Rodríguez Lorca
Nº 61: FARSA LLAMADA DANZA DE LA MUERTE DE JUAN DE PEDRAZA - Ensayo
Rosa Marcela Gallego Reyes
Nº 62: LOS CICLOS DEL TERRORISMO DESDE LA MEMORIA HISTÓRICA - Ensayo
Isabel Berdugo Conesa
Nº 63: SIGNIFICADO E HISTORIA DE LAS CALLES Y PLAZAS DEL CENTRO HISTÓRICO DE CÁDIZ (1ª edición) - Ensayo
Gabriel Rodríguez Morales
Nº 64: SIGNIFICADO E HISTORIA DE LAS CALLES Y PLAZAS DEL CENTRO HISTÓRICO DE CÁDIZ (2ª a 5ª edición) - Ensayo
Gabriel Rodríguez Morales
Nº 65: VELADAS POÉTICAS NAVIDEÑAS - Poesía
Isabel Berdugo Conesa
Nº 66: OTRA VEZ EL ABUELO - Relatos
Francisco Martínez Mera
Nº 67: TÚ PONES EL AGUA Y YO EL TÉ - Poesía
Francisco Martínez Delgado
Nº 68: ANTOLOGÍA POÉTICA - Poesía
Antonio Rodríguez Lorca
Prólogo, selección y notas: Gabriel Rodríguez Morales
Nº 69: REFLEXIONES ENTRE EL VÉRTIGO Y LA DESAZÓN
- Prosa Poética
Rafael Arauz González
Nº 70: 2012: ANTOLOGÍA POÉTICA - Poesía
Llorenç Vidal
Nº 71: VERSOS ADOLESCENTES - Poesía
Beatriz Pérez González
Nº 72: ALAS DEL SUD - Prosa
Sergio Briones Martín
Nº 73: PALABRAS A TIEMPO. RECOPILANDO HEBRAS DE SUEÑO
- Poesía, prosa, relato
VV.AA.

Nº 74: TREINTA POEMAS DE AMOR INSOBORNABLES Y UN FINAL - Poesía
Julio Rivera Cross
Nº 75: HISTORIA DE CÁDIZ EN PROSA Y VERSO - Ensayo y poesía
Gabriel Rodríguez Morales
Nº 76: SENDEROS ETÉREOS - Poesía
Aziz Amahjour
Nº 77: DESPERTARES - Poesía
Isabel Canales
Nº 78: ORÉGANO Y BRONCE - Poesía
Gervasio M. Hernández Palomeque
Nº 79: EN LA HORA CALLADA... SOBREVUELA UN VERSO - Poesía
ESMAR
Nº 80: INSTRUMENTOS DE EJECUCIÓN DE LA PENA DE MUERTE - Ensayo
Gabriel Rodríguez Morales
Nº 81: MAR DE VERSOS. ANTOLOGÍA POÉTICA - Poesía
Rosario Ayllón
Nº 82: EL DARDO REBELDE - Reflecuentos (Relatos)
Aziz Amahjour
Nº 83: LA CAJITA DE MÚSICA - Poesía
Almudena Gavala Alustiza
Nº 84: SIGNIFICADO E HISTORIA DE LAS CALLES Y PLAZAS DEL EXTRAMUROS DE CÁDIZ - Ensayo
Gabriel Rodríguez Morales
N.º 85: ¿ME INVITAS A UN CACAREO? DE AGUADULCE A HUERTO, PASANDO POR UTOPÍA. CUADERNO DE VERDURAS Y PAISAJES - Prosa y poesía
Rafael Arauz González
N.º 86: EL TRAFICANTE. PRESO DE AMOR
Álvaro Amores Gil
N.º 87: ENVUELTA EN POESÍA - Poesía
Rosario Ayllón
Nº 88: MANUAL PARA SER FELIZ. ENQUIRIDIÓN DE EPICTETO. - Filoofía, autoayuda.
Gabriel Rodríguez Morales
Nº88: EN TODO ESTE TIEMPO - Ensayo, poesía, libro de viajes
Rafael Arauz González
Nº89: EL TRAFICANTE PRESO DE AMOR – Novela de ficción
Álvaro Amores Gil
Nº90: CÓMO SER SABIO Y FELIZ SEGÚN SÉNECA. FRASES EXTRAÍDAS DE SUS CARTAS A LUCILIO - Filosofía, autoayuda
Gabriel Rodríguez Morales

www.ingramcontent.com/pod-product-compliance
Ingram Content Group UK Ltd.
Pitfield, Milton Keynes, MK11 3LW, UK
UKHW022010190726
13853UKWH00004B/1853